Pe. GERVÁSIO FÁBRI DOS ANJOS, C.Ss.R.

NOVENA
DE SANTO EXPEDITO

ISBN 85-7200-875-6

1ª impressão: 2003
10ª impressão

Todos os direitos reservados à **EDITORA SANTUÁRIO** – 2022

Rua Pe. Claro Monteiro, 342 – 12570-000 – Aparecida-SP
Tel.: 12 3104-2000 – Televendas: 0800 - 0 16 00 04
www.editorasantuario.com.br
vendas@editorasantuario.com.br

Santo Expedito

Segundo a tradição, Santo Expedito foi martirizado em Mitilene da Armênia, em consequência da profissão corajosa de sua fé em Jesus Cristo.

Sua conversão e total entrega a Deus custaram-lhe momentos difíceis em vencer a tentação que a sociedade, o ambiente e a vida fácil lhe ofereciam. Santo Expedito era um militar e tinha uma vida devassa, envolvida com o prazer e amizades que em nada o conduziam pelo bom caminho. Todo prazer esvazia também o coração e Expedito começou a experimentar esse vazio interior de uma vida sem sentido. Ao lado de tantos amigos de "vida fácil" percebeu a presença do testemunho de outros cristãos que passaram a questionar sua consciência. Tocado pela graça de Deus, resolveu um dia mudar de vida. Embora sendo um homem voluntarioso, espírito de militar que não volta atrás após uma decisão sadia, Expedito sentiu em seu espírito o sopro da tentação do demônio. A tradição diz que o espírito do mal, o demônio, aparecia-lhe em forma de um corvo que lhe dizia repetidas vezes: "Cras... cras.... cras!" Essa palavra, em latim, significa "amanhã". A tentação foi justamente esta: "deixa para amanhã a tua conversão! Hoje, não! Deixa para amanhã". A tradição conta ainda que Expedito, movido pela graça de Deus, agarrou esse corvo torcendo-lhe o pescoço e, jogando-o por terra, esmagou-o com seus pés, dizendo aos gritos: "Hodie, hodie, hodie!", que em latim significa "Hoje, hoje! Já e agora!" A narrativa mostra como Santo Expedito venceu a tentação de deixar para depois sua conversão e negar-se a seguir os passos de Jesus Cristo. Por essa razão Santo Expedito é invocado nos casos que exigem solução imediata de negócios ou que nos pedem uma resposta sem demora; uma escolha firme e forte.

Após sua conversão, Expedito colocou todo o seu ardor e a decisão de sua vontade em seguir Jesus Cristo. Diante de seus amigos que admiravam sua mudança de vida, encontrou também seus perseguidores. Acusado perante as autoridades de seu tempo, foi preso e martirizado após muitos sofrimentos que não conseguiram abalar sua fé e determinação de abandonar o pecado e seguir os caminhos de Deus.

A existência deste mártir com este nome é discutida

pelos hagiógrafos, embora seu nome esteja incluído no martirológio de São Jerônimo, um dos mais antigos na Igreja. Segundo alguns, houve um erro dos copistas que transcreveram o nome de Santo Elpídio por Expedito, conforme consta no martirológio siríaco que registra os martirizados em Mitilene. Seu culto espalhou-se na Itália e na Alemanha. Divulgado na Cecília, em Messina (Itália), os comerciantes no fim do século XVII e início do século XVIII colocaram nos pés da sua imagem os dizeres em latim *negotiorum et expeditiorum patronus*, isto é, padroeiro dos negócios e das causas urgentes. A palavra "expedito" lembra, mesmo em português, uma pessoa desembaraçada e rápida em atender, o que é muito atribuído a Santo Expedito.

A festa de Santo Expedito é celebrada no dia 19 de abril.

Orações para todos os dias

– Em nome do Pai, do Filho e do Espírito Santo.
– **Amém.**

Oferecimento da Novena

Deus Pai, Deus de bondade e misericórdia, eu vos suplico nesta Novena, por intercessão de Santo Expedito, todas as graças espirituais necessárias para minha salvação, e vossa ajuda para que eu tenha uma vida digna em meus negócios e em minha família. Concedei-me a fé ardente e corajosa, a constância na prática do bem. Por intercessão de Santo Expedito, ajudai-me a ver as necessidades de meus irmãos. Iluminai minha inteligência para que veja o bom caminho, inflamai minha vontade para que possa tomar decisões acertadas, purificai meu coração e santificai minha alma para que vos ame de todo coração.

Santo Expedito, intercedei por mim. (*Fazer o pedido da graça particular que deseja.*) Meu bondoso e Santo Mártir, atendei minhas preces e ajudai-me a ter um procedimento cristão e exemplar, uma vida correta e santa. Amém.

Reflexão e Oração do Dia
(Ver à frente de cada dia)

Conclusão

Pelas intenções da Novena: Pai-nosso – Ave-Maria.

Oração final

Meu Senhor e meu Deus, em vós espero e em vós confio! Por intercessão de Santo Expedito eu vos suplico que me socorrais em minhas necessidades e nas tentações de minha vida.

Glorioso mártir Santo Expedito, intercedei por mim junto de Jesus a quem fostes fiel em seguir nos momentos difíceis de vossa vida. Concedei-me a graça da conversão espiritual e a luz em meu espírito, para que eu tenha uma fé ardente como a rocha, uma confiança inabalável em Deus e a decisão firme na prática do bem. Bondoso Santo Expedito, em vossas mãos entrego meus negócios, minhas necessidades, meus pedidos. Intercedei por mim junto de Deus, nosso Pai. Após as lutas desta vida, quero estar convosco na glória eterna do céu. Assim seja!

1º Dia
O DOM DA FÉ

1. Palavra de Deus

"A vida eterna consiste em que vos reconheçam, ó verdadeiro e único Deus, e a Jesus Cristo que enviastes" (Jo 17,3). "Seu mandamento é este: que tenhamos fé no nome de seu filho Jesus Cristo e nos amemos uns aos outros, como ele mandou" (1Jo 3,23).

2. Reflexão

A fé é um dom de Deus oferecido a todos e que necessita ser cultivada em nosso espírito. No Antigo Testamento a fé dirige-se ao povo de Israel como fidelidade ao Deus único, visto que eram tentados em passar para o culto dos deuses pagãos que os cercavam. O Novo Testamento mostra-nos a fé tendo como centro Jesus Cristo, o ungido e enviado de Deus a este mundo. Hoje, os deuses pagãos mudaram de nome. Muita gente adora o dinheiro, a ganância, o poder que oprime, a prática das injustiças e maldades, o deus do prazer e do orgulho. Em Jesus e com Jesus vivemos nossa fé no Deus único que Ele nos apresentou como "nosso Pai do céu".

Crer em Jesus não é só falar. A fé supõe, em sua plenitude, o acolhimento, a amizade, a confiança, o amor à pessoa de Jesus, filho de Deus e filho de Maria. Junto com esta estima e acolhimento, acreditamos em tudo que ele nos ensina e aceitamos tudo que ele nos promete e nos faz. Santo Expedito, iluminado pela fé, reencontrou este Jesus e se propôs amá-lo de coração. Invoque Santo Expedito quando sua fé em Deus vacilar, quando seu coração ficar entristecido, quando o desânimo cair em sua vida.

3. Oração

Glorioso Mártir Santo Expedito, que soubestes acolher o dom da Fé e, iluminado por esse dom sagrado, vos guiastes para Deus, abri os olhos de minha alma para acolher Deus como tudo em minha vida. Não permitais que eu perca a luz da fé, o amor que acolhe Jesus como nosso Salvador e tudo que ele nos ensina através de sua Igreja. Santo Expedito, nas dificuldades e tentações de minha vida, nas doenças que podem afligir-me, em meus negócios e trabalhos jamais eu perca a fé e a confiança em Deus que dirige meus passos. Livrai-me da idolatria nos deuses de hoje, da vaidade, do orgulho, do apego às riquezas, dos prazeres pecaminosos, da ganância. Ajudai minha alma a ser firme na fé! Amém.

4. Conclusão *(ver p. 7)*

2º Dia
A CONVERSÃO A DEUS

1. Palavra de Deus

"Se vos voltardes para Ele de todo coração e em sua presença praticardes a verdade, Ele também se voltará para vós e não mais vos ocultará a sua face" (Tb 13,6). "Filho, pecaste? Não o faças mais, e pelas faltas passadas pede perdão" (Eclo 21,1).

2. Reflexão

Uma passagem importante da vida de Santo Expedito foi sua conversão ou seu reencontro com Jesus. Sua alma foi tornando-se inquieta, sem paz. As vaidades do mundo, os prazeres do pecado, os impulsos de violência que sentia tiravam-lhe a tranquilidade de espírito e deixavam-lhe um grande vazio sem Deus. Era preciso recomeçar tudo de novo e isso custou-lhe muitos sofrimentos. Como soldado aprendeu a ser corajoso nas decisões mesmo que lhe custasse a vida. Foi dessa forma, movido pelos exemplos de outros cristãos e mártires de seu tempo, que ele tomou a decisão de voltar-se para Deus de todo o coração e em sua presença praticar a verdade. Santo Expedito mudou o rumo de sua vida, converteu-se a Deus.

Para você também se converter é preciso tomar uma firme decisão de praticar a verdade e a vida cristã. Como Expedito, a falta de paz e tranquilidade em seu espírito são sinais da falta de Deus! Perseverar neste caminho é também sinal de decisão forte, firme, total. Nossa conversão acontece todos os dias. Como Santo Expedito, você é fiel nas práticas da fé e de sua vida de cristão, de católico?

Santo Expedito, ajudai-me no momento de minha morte a ser também uma alma possuída, não pelo mundo que passa, mas por Deus que permanece.

3. Oração

Santo Expedito, meu santo protetor, dai-me a graça de andar nos caminhos de Deus e de ser fiel aos compromissos de minha vida de cristão. Ajudai minha fé e a determinação em seguir a lei de Deus. Santo Mártir, intercedei por mim em minhas fraquezas e em meus negócios, para que jamais coloque Deus fora de minha vida. Que eu aprenda como é pequeno o que é da terra, como é grande o que é divino; breve o que é desta vida e duradouro o que é eterno. Santo Expedito, convertei-me para Deus e que eu nunca dele me separe. Amém.

4. Conclusão *(ver p. 7)*

3º Dia
OS DOIS CAMINHOS

1. Palavra de Deus

"Irmãos, vivam segundo o Espírito e assim não farão mais o que os instintos egoístas desejam. Porque os instintos egoístas têm desejos que estão contra o Espírito e o Espírito contra os instintos egoístas; os dois estão em conflito, de modo que vocês não fazem o que querem" (Gl 5,16-17).

2. Reflexão

Quando uma pessoa se converte para Deus ela se coloca diante de uma definição no projeto de vida que deseja realizar. Há dois caminhos: "*a vida segundo a carne*", na qual a ganância de acumular, o roubo, a esperteza, as impurezas, o ódio, as discórdias e o prazer estão acima de tudo e tornam-se deuses em nós! (cf. Gl 5,19-21). O caminho do Espírito, "*a vida segundo o Espírito*", que não nos livra do peso e das tribulações, mas organiza a vida a partir de Deus, nele encontramos os frutos do Espírito: "o amor, a alegria, a paz, a paciência, o domínio de si mesmo" (cf. Gl 5,22).

Santo Expedito percebeu a tempo o rumo errado de sua vida. Converteu-se, assumiu sua escolha de Deus e sofreu a consequência dessa escolha, o martírio. A vida em Deus não é só um ato, mas é uma atitude e um processo de busca constante de Deus. Para Ele dirigimos e a partir dele organizamos nossa vida. Santo Expedito fez assim e deseja tanto que você faça o mesmo!

Você é católico praticante? Você dá pouca importância à religião? Você cuida de sua fé pela oração pessoal e na Comunidade? Fraco na fé, deixa-se atrair por outras religiões?

3. Oração

Deus de bondade e misericórdia, revelai-me "o número e a medida de meus dias e o quanto é frágil minha vida perante vós; é quase um nada, um sopro que passa como a sombra" (Sl 38). A exemplo de Santo Expedito, ajudai-me a escolher sempre o bom caminho de vossos mandamentos; a detestar o mal; a combater os vícios; a fugir das ocasiões do pecado; a evitar o relaxamento na prática da vida cristã. Por intercessão de Santo Expedito, eu vos peço por todas as minhas necessidades espirituais e temporais. Iluminai minha mente, fortificai minha vontade, purificai meu coração e meus sentimentos para que – seguindo o caminho do espírito do bem – possa vos servir e amar nessa vida, até a glória do céu. Assim seja.

4. Conclusão *(ver p. 7)*

4º Dia
AS TENTAÇÕES

1. Palavra de Deus

"Que ninguém, ao ser tentado, diga: é Deus que me tenta! Deus não pode ser tentado a fazer o mal. Ele não tenta ninguém. Cada um é tentado por sua própria concupiscência que o atrai e o conduz. Depois a concupiscência, tendo concebido, dará à luz o pecado e, atingindo seu termo final, gera a morte. Não vos enganeis" (Tg 1,13-15).

2. Reflexão

Chama-se de "*tentação*" ou "*provação*" o momento de escolha de nossa vontade diante do mal que podemos praticar. É o momento precioso onde dizemos "sim" ao bem e "não" ao pecado; e nem sempre seguimos o bom caminho. Nesses momentos é importante ao cristão invocar a força e luz de Deus através da oração e, mais ainda, evitar toda ocasião que pode nos levar a ser tentados para o mal. A tentação não nos mancha, por mais persistente que seja, a menos que lhe demos nosso consentimento.

Santo Expedito foi tentado pelo demônio a retardar sua conversão para Deus; e depois foi tentado a retornar à vida anterior. Muita gente também é tentada a "deixar para amanhã" aquilo que a voz de Deus lhe fala no coração: o perdão de uma ofensa, buscar o perdão de Deus no sacramento da confissão, corrigir um defeito ou um vício, voltar a ser mais assíduo na religião... Santo Expedito é exemplo de prontidão em ouvir a voz de Deus em nosso interior. Certamente ele rezou muitas vezes "Pai, não me deixeis cair na tentação, mas livrai-me do mal, assim seja!"

3. Oração

Deus Pai, fiel em ajudar-me a sair das tentações, pelas preces de Santo Expedito, fazei-me pronto em repelir todo pecado que me afasta de vós. Iluminai meu espírito e mostrai-me vossa face para que eu não me deixe seduzir pelo pecado. Em todos os meus negócios, espirituais e materiais, tornai-me prudente nas decisões, corajoso diante dos perigos, paciente nas contrariedades; e, na prosperidade, sempre humilde e caridoso com os irmãos mais pobres. Por intercessão de Santo Expedito, livrai-me do mal nas grandes tentações da vida humana: o possuir com ganância, o poder para dominar e fazer sofrer o próximo, o prazer devasso que rouba a alegria de Deus em minha alma. Santo Expedito, atendei minhas preces. Amém.

4. Conclusão *(ver p. 7)*

— 16 —

5º Dia
SEGUIR JESUS CRISTO

1. Palavra de Deus

"Se alguém quer me seguir, renuncie a si mesmo, tome sua cruz e me siga. Se alguém quiser salvar sua vida, vai perdê-la; mas quem perde sua vida por causa de mim vai salvá-la. O que adianta ao homem ganhar o mundo inteiro mas perder sua vida?" (Mt 16,24-26).

2. Reflexão

Santo Expedito, depois de sua conversão, seguiu Jesus até o martírio e perdeu sua vida por causa dele. A participação na vida e no destino de Jesus inclui "carregar a cruz" e sempre "segui-lo" sem dele se afastar. Quem segue Jesus vai com ele onde ele for; vai com ele até a morte, passando pelas cruzes da vida, pelas dificuldades e obstáculos. O motivo dessa exigência é a união de vida nova que se estabelece entre o Mestre e o discípulo. Seguimos Jesus com amor e por amor, ao nos dizer "quem quiser ser meu discípulo". Você também quer? Santo Expedito quis e decidiu-se por esse caminho. Essa escolha e determinação são muito importantes e fizeram crescer em Expedito o amor pessoal, a amizade profunda, sua identificação com Jesus pelo modo novo de vida que ele havia ensinado (cf. Jo 15,1-11).

O exemplo desse Santo Mártir nos adverte para a moleza que muitas vezes temos em seguir Jesus no que ele nos ensinou e nos meios que ele nos deixou. Reclamamos dos deveres de cristão, tudo nos parece difícil. Não somos cristãos praticantes, nem ajudamos nossa Igreja onde nos reunimos ao redor de Jesus. Fazemos o que Jesus mandou? Vivemos como discípulo de Jesus?

3. Oração

Senhor Jesus, eu quero vos seguir! A exemplo de Santo Expedito, convertei-me e tornai-me vosso discípulo por uma vida mais decidida na prática da religião. Jesus, fortaleza dos mártires, iluminai meu espírito e mostrai-me vossa face para que eu proclame com firmeza e constância a vossa glória. Santo Expedito, ajudai-me a ouvir e praticar os ensinamentos de Jesus, a viver unido com meus irmãos, a jamais abandonar a Igreja e a minha fé, a louvar e agradecer a meu Deus, na Comunidade.

Santo Expedito, atendei os pedidos materiais e espirituais desta minha novena. Eu quero seguir Jesus Cristo através de uma vida digna de filho de Deus. Rogai a Jesus por mim e por todos aqueles que sofrem em suas necessidades de liberdade e de vida. Amém.

4. Conclusão *(ver p. 7)*

6º Dia
TESTEMUNHAR JESUS

1. Palavra de Deus

"Todo aquele que der testemunho de mim diante dos homens, também eu darei testemunho dele diante do meu Pai que está no céu. Aquele que me renegar diante dos homens, eu também o renegarei diante do meu Pai que está no céu" (Mt 10,12-13) "Por isso, não vos envergonheis do testemunho que deveis dar do Senhor Jesus" (2Tm 1,8).

2. Reflexão

Santo Expedito viveu numa época em que os cristãos eram perseguidos. O que moveu sua conversão foi precisamente o testemunho de outras pessoas cristãs, pessoas cuja vida mostrava valores de bondade, de perdão às injustiças, de compreensão, de ajuda mútua. Esses cristãos se reuniam para rezar, louvar, agradecer e ouvir a Palavra de Deus em suas Comunidades. A honestidade, a sinceridade, a união entre eles demonstravam um estilo de vida diferente daquele que ele vivia. Ao converter-se Expedito também passou a viver assim, com os valores do Evangelho de Jesus; passou a testemunhar e a valorizar o modo novo de o cristão viver no mundo.

Para você testemunhar Jesus Cristo, com sua vida, é preciso purificar-se pela conversão. Essa conversão levará você à maneira nova de viver, de ser e de fazer as coisas conforme o ensinamento de Jesus. Esse seu comportamento novo, vivido com fé junto à Comunidade Igreja, será a manifestação da obra de Deus em sua vida. Seu testemunho por palavras vem depois; antes deve existir a vida, seu modo novo de ser!

3. Oração

Santo Expedito, meu glorioso protetor, vós que destes testemunho de Jesus até mesmo diante do martírio, eu vos suplico a graça de jamais faltar na proclamação de minha fé e de minha conversão para Deus. Vós sabeis dos perigos que me cercam, o desânimo, os maus exemplos, a solicitação do espírito do mal. Protegei-me! Fiel servo do Senhor, não vos abalastes diante das perseguições e sofrimentos, mas guardastes a fé e com a própria vida proclamastes Jesus como nosso único Mestre e Senhor. Eu vos suplico que nada apague esta chama em minha vida. Que jamais a escuridão da tentação ou do pecado facilite aos falsos profetas invadir meu coração. Guardai-me, protegei-me para que minha vida seja testemunho do quanto eu amo Jesus Cristo!

4. Conclusão (ver p. 7)

7º Dia
SER FIEL NA FÉ

1. Palavra de Deus

"É preciso que vocês perseverem na fé, firmados sobre bases sólidas, sem se deixar desviar da esperança prometida pelo Evangelho que vocês ouviram" (Cl 1,23). "Cuidado com os falsos profetas que vêm a vocês com aparência de ovelhas, mas por dentro são lobos vorazes" (Mt 7,15).

2. Reflexão

Santo Expedito teve momentos de duras provações em sua vida. Diante das adversidades, perseguições, calúnias e desprezo de seus companheiros da guarda militar, ele conservou sua fidelidade na fé. Uma pessoa é fiel quando se mostra honrada, leal com aquilo que acredita e promete; quando não vacila e não falha, mas é pontual e exata em tudo que faz. São José e Maria, a mãe de Jesus, são chamados assim porque em todos os momentos que Deus se manifestou a eles abraçaram sua vontade sem vacilar e com prontidão. Santo Expedito foi também fiel na fé que depositou em Jesus. Guardou a fé até o fim, como fizeram muitos mártires naquela época.

Para conservar a fidelidade com Deus, é preciso a graça da perseverança que se alcança com a oração. É preciso conhecer e estudar, acolher e pôr em prática a Palavra de Deus (cf. Mt 7,24-27). "De que adianta – diz São Tiago – alguém dizer que tem fé se não tiver obras? A fé, se não estiver acompanhada pelas obras, está absolutamente morta" (Tg 2,14s.). É preciso estar vigilante com os falsos profetas, cujo interesse é o dinheiro; com o pecado que nos distancia de Deus.

3. Oração

Glorioso Santo Expedito, sempre pronto em nos atender nas angústias e ansiedades de nossa vida, eu vos suplico, pela fidelidade que tivestes com Jesus, que minha alma seja fortalecida na fé. Abençoai meus trabalhos, meus negócios e preocupações; de maneira especial conservai-me na fidelidade a Deus em toda minha vida.

Santo Expedito, tornai-me sempre pronto e fiel em meus deveres de cristão, atencioso e prestativo com meus irmãos mais necessitados. Iluminai minha mente para conduzir meus passos e minhas obrigações segundo os preceitos de Deus. Ajudai-me a não cair na tentação da fraude e da injustiça; na tentação de retornar ao pecado, de ser displicente ou afastado de Deus.

4. Conclusão *(ver p. 7)*

8º Dia
REZAR SEMPRE

1. Palavra de Deus

"Em todas as necessidades recorram à oração e à prece, com agradecimentos, para apresentar seus pedidos a Deus" (Fl 4,6). "Recomendo a vocês que peçam, rezem sempre, supliquem e agradeçam a Deus. Por isso, quero que rezem em todo lugar, erguendo para o céu mãos puras, sem ódio, sem desavenças!" (1Tm 2,1.8).

2. Reflexão

É certo que Santo Expedito fazia suas orações e preces, principalmente após sua conversão. Nas tentações é a Deus que ele recorria. A oração é uma conversa com Deus. Rezar ou orar é a mesma coisa, pois falamos ao Senhor com a mente ou com nossa voz tudo aquilo que se passa em nossa vida. A oração do Pai-nosso devemos rezar todos os dias, pois foi Jesus que nos ensinou a dizer assim. Santo Afonso afirmava: "Quem reza se salva e quem não reza se perde. No momento em que deixarmos de nos recomendar a Deus, o demônio nos vencerá". Jesus também recomendou-nos rezar sempre e nunca deixar de o fazer (Lc 18,1). Quando você reza, é importante estar com o coração aberto à paz, ao amor. O ódio, o rancor, as mágoas, a desunião, as ofensas que não se perdoam, o orgulho que nos impede de pedir desculpas, tudo isso prejudica nossa conversa amorosa a Deus (Mt 5,23s.–6,14s.). Jesus ensinou que amar a Deus e amar o irmão é como as duas faces da mesma moeda; por isso, toda conversa com Deus deve estimular você a estender também suas mãos aos mais pobres e necessitados.

3. Oração

Glorioso Santo Expedito, alcançai-me de Jesus a graça de rezar sempre e jamais deixar de me unir a Deus pela oração. Iluminai minha mente e afervorai meu coração para que, em tudo, Deus seja glorificado em minha vida. Que meus lábios sempre tenham preces de louvor, de agradecimentos, de súplicas confiantes a Jesus que morreu para me salvar.

Glorioso Santo Expedito, a vós suplico que, junto de Jesus Cristo, intercedais por mim em todas as minhas necessidades, e de maneira especial por esta graça particular que vos peço nesta novena. Alcançai-me de Jesus o perdão de minhas culpas, o arrependimento de meus pecados e o firme propósito de me corrigir de meus vícios. Santo Expedito, ajudai-me junto de Jesus e Maria Santíssima. Amém.

4. Conclusão *(ver p. 7)*

9º Dia
OS DONS DE DEUS

1. Palavra de Deus

"Nada trouxemos a este mundo e nada dele podemos levar. Aqueles que querem juntar riquezas caem na tentação, na armadilha, numa multidão de desejos insensatos e funestos, que mergulham os homens na ruína e na perdição. A raiz de todo o mal é o amor ao dinheiro. Por se terem entregado a ele, alguns se afastaram para longe da fé e transpassaram sua alma de tormentos sem fim" (1Tm 6,7-10).

2. Reflexão

Santo Expedito é invocado como protetor das causas urgentes e que nos preocupam numa boa solução. Em geral essas preocupações estão mais ligadas aos negócios materiais. É importante a clareza do que nos pede Jesus: nunca colocar as riquezas no lugar de Deus! Os dons de Deus não se podem transformar em "deuses" em nosso coração. A raiz de todo mal é a dependência que a riqueza gera em nós. O Concílio Vaticano II ensina que "o homem pode e deve querer bem as coisas criadas por Deus.

Recebeu-as de Deus, guarda e venera-as como se no momento saíssem das mãos de Deus. Agradece o seu Benfeitor e, usando e gozando das criaturas, em pobreza e liberdade de espírito, é introduzido na posse verdadeira do mundo, como se nada possuísse e tudo possuísse ao mesmo tempo". Mais vale o pouco com o temor do Senhor do que uma grande riqueza cheia de ansiedades e preocupações. "Que adianta ao homem ganhar o mundo inteiro e arruinar sua vida?" (Mt 16,26). Aprendamos também a partilhar com o irmão o que possuímos e agradecer a Deus tudo que nos deu.

3. Oração

Meu Senhor e meu Deus, por intercessão de Santo Expedito, iluminai minha inteligência, inflamai minha vontade, purificai meu coração e santificai minha alma para que sempre vos reconheça como único Deus e Senhor de toda minha vida. Arrependo-me de meus pecados da ganância; de ter colocado a segurança de minha vida não em vós, meu Pai bondoso, mas nos bens materiais que passam. Eu vos peço o perdão, por todas as vezes que não fui solidário com os mais pobres; não fui caridoso com meu próximo; sempre que esbanjei vossos dons. Santo Expedito, a quem recorro em meus negócios e preocupações, eu vos peço que me livreis da tentação de ser iludido pelas riquezas e assim perder a graça de Deus. Ajudai-me a usar dos dons de Deus com a alma agradecida.

4. Conclusão *(ver p. 7)*

— 26 —

LADAINHA A SANTO EXPEDITO

Senhor, tende piedade de nós.
Cristo, tende piedade de nós.
Senhor, tende piedade de nós.
Santa Maria, Mãe de Deus, rogai por nós.
São José, esposo de Maria, rogai por nós.
Santos Apóstolos do Senhor Jesus, rogai por nós.
Santos Mártires do Senhor Deus, rogai por nós.
Santo Expedito, pronto em nos ouvir, rogai por nós.
Santo Expedito, firme defensor da fé, rogai por nós.
Santo Expedito, exemplo de conversão, rogai por nós.
Santo Expedito, leal com Jesus nas tentações, rogai por nós.
Santo Expedito, seguidor fiel de Jesus, rogai por nós.
Santo Expedito, fiel testemunha de Jesus, rogai por nós.
Santo Expedito, generoso com nossas preces, rogai por nós.
Santo Expedito protetor em nossas angústias, rogai por nós.

Quando o desânimo invadir nossa vida.
Socorrei-nos, glorioso Mártir!
Quando nos tornarmos mesquinhos com os irmãos.
Socorrei-nos, glorioso Mártir!
Quando a ganância atormentar nosso coração.
Socorrei-nos, glorioso Mártir!

Quando somos tentados em nossa fé.
Socorrei-nos, glorioso Mártir!
Quando chegar o momento de nossa morte.
Socorrei-nos, glorioso Mártir!

Cordeiro de Deus, que tirais o pecado do mundo, tende piedade de nós.

Cordeiro de Deus, que tirais o pecado do mundo, tende piedade de nós.

Cordeiro de Deus, que tirais o pecado do mundo, dai-nos a vossa paz.

Oremos: Jesus, Filho de Deus, pelas preces de Santo Expedito, dai-nos ser firmes na Fé como a rocha, cheios de esperança e amor ardente por vós em todos os momentos de nossa vida. Amém.

Cânticos

1. Há um barco esquecido na praia

1. Há um barco esquecido na praia; já não leva ninguém a pescar. É o barco de André e de Pedro, que partiram pra não mais voltar. Quantas vezes partiram seguros, enfrentando os perigos do mar. Era chuva, era noite, era escuro, mas os dois precisavam pescar...

De repente aparece Jesus, pouco a pouco se acende uma luz. É preciso pescar diferente, que o povo já sente que o tempo chegou. E partiram, sem mesmo pensar nos perigos de profetizar. Há um barco esquecido na praia... um barco esquecido na praia...

2. Há um barco esquecido na praia, já não leva ninguém a pescar. É o barco de João e Tiago, que partiram pra não mais voltar. Quantas vezes em tempos sombrios, enfrentando os perigos do mar, barco e rede voltavam vazios, mas os dois precisavam pescar.

3. Quantos barcos deixados na praia! Entre eles o meu deve estar. Era o barco dos sonhos que eu tinha, mas eu nunca deixei de sonhar. Quantas vezes enfrentei o perigo,

no meu barco de sonho a singrar. Jesus Cristo remava comigo: eu no leme, Jesus a remar...

De repente me envolve uma luz e eu entrego o meu leme a Jesus! É preciso pescar diferente, que o povo já sente que o tempo chegou. E partimos pra onde Ele quis, tenho cruzes mas vivo feliz. Há um barco esquecido na praia, um barco esquecido na praia, um barco esquecido na praia.

2. Me chamaste para caminhar

1. Me chamaste para caminhar na vida contigo, decidi para sempre seguir-te, não voltar atrás. Me puseste uma brasa no peito e uma flecha na alma, é difícil agora viver sem lembrar-me de ti.

Te amarei, Senhor, te amarei, Senhor, eu só encontro a paz e a alegria bem perto de ti. (bis)

2. Eu pensei muitas vezes calar e não dar nem resposta, eu pensei na fuga esconder-me, ir longe de ti. Mas tua força venceu e ao final eu fiquei seduzido, é difícil agora viver sem saudades de ti.

3. Ó Jesus, não me deixes jamais caminhar solitário, pois conheces a minha fraqueza e o meu coração. Vem, ensina-me a viver a vida na tua presença, no amor dos irmãos, na alegria, na paz, na união.

3. Eis-me aqui, Senhor

Eis-me aqui, Senhor! Eis-me aqui, Senhor! Pra fazer tua vontade, pra viver do teu amor, pra fazer

tua vontade, pra viver do teu amor, eis-me aqui, Senhor!

1. O Senhor é meu Pastor que me conduz, por caminhos nunca vistos me enviou, sou chamado a ser fermento, sal e luz, e por isso respondi: aqui estou!

2. Ele pôs em minha boca uma canção, me ungiu como profeta e trovador, da história e da vida do meu povo, e por isso respondi: aqui estou!

4. Escutei teu chamado

1. Um dia escutei teu chamado, divino recado, batendo no coração. Deixei deste mundo as promessas, e fui bem depressa no rumo de tua mão.

Tu és a razão da jornada, tu és minha estrada, meu guia, meu fim. No grito que vem de meu povo, te escuto de novo chamando por mim.

2. Os anos passaram ligeiro, me fiz um obreiro de paz e amor. Nos mares do mundo navego, às redes me entrego, seguindo meu Senhor.

3. Embora tão fraco e pequeno, caminho sereno com a força que vem de ti. A cada momento que passa, revivo esta graça, de ter sinal aqui.

5. Senhor, se tu me chamas

Senhor, se tu me chamas, eu quero te ouvir. Se queres que eu te siga, Senhor, estou aqui. (bis)

1. Profetas te ouviram e seguiram tua voz, andaram mundo

afora e pregaram sem temor. Seus passos tu firmaste, sustentando seu vigor. Profeta tu me chamas: vê, Senhor, aqui estou!

Senhor, se tu me chamas, eu quero te ouvir. Se queres que eu te siga, Senhor, estou aqui. (bis)

2. Nos passos de teu Filho, toda Igreja também vai, seguindo teu chamado de ser santa qual Jesus. Apóstolos e mártires se deram sem medir. Apóstolo me chamas: vê, Senhor, estou aqui!

6. Cristo, quero ser instrumento

1. Cristo, quero ser instrumento, de tua paz e do teu infinito amor; onde houver ódio e rancor, que eu leve a concórdia, que eu leve o amor.

Onde há ofensa que dói, que eu leve o perdão; onde houver a discórdia, que eu leve a união e tua paz.

2. Mesmo que haja um só coração, que duvida do bem, do amor e do céu, quero com firmeza anunciar, a Palavra que traz a clareza da fé.

3. Onde houver erro, Senhor, que eu leve a verdade, fruto de tua luz. Onde encontrar desespero, que eu leve a esperança de teu nome, Jesus.

4. Onde eu encontrar um irmão a chorar de tristeza, sem ter voz e nem vez, quero bem em seu coração, semear alegria, pra florir gratidão.

5. Mestre, que eu saiba amar, compreender, consolar e dar sem receber. Quero sempre mais perdoar, trabalhar na conquista e vitória da paz.